ES0006039

DISCARDED

PLANCHE à VOILE

Damien Degorre • Marc-Henri André
Robert Palomba

GAMMA ÉCOLE ACTIVE

Édition originale
© Éditions Gamma
60120 Bonneuil-les-Eaux
Dépôt légal : Septembre 2003.
Bibliothèque Nationale.
ISBN : 2-7130-1998-2

Exclusivité au Canada :
Éditions École Active
2244, rue de Rouen, Montréal,
Qué. H2K 1L5
Dépôts légaux : Septembre 2003.
Bibliothèque Nationale du Québec,
Bibliothèque Nationale du Canada.
ISBN : 2-89069-747-9

Loi n° 49-956 du 16 juillet 1949 sur les
publications destinées
à la jeunesse.

Création - Réalisation :
NEVA Éditions
Direction de collection :
Andréa Lémani
Maquette :
Olivier Espinasse
Avec la collaboration de
Nathalie Bossus

Tous droits de traduction et d'adaptation réservés pour
tous pays.

Imprimé en Italie

Sommaire

4 Petit historique

8 Ton matériel et équipement

10 Découvrir la technique

18 Entraînement, échauffement, sécurité

22 Le respect des règles et des autres

24 Tu découvres ton sport

28 Les lieux de pratique

36 Les professionnels, compétitions et champions

46 Glossaire

47 Index

Petit historique

Difficile de dater avec précision la naissance de la planche à voile. Certains disent que son invention remonte à 1913. Mais, pour la majorité des spécialistes, l'invention de la planche à voile date de 1968.

L'idée reviendrait à deux surfeurs d'Hawaï qui auraient assemblé une planche de surf et une voile pour pratiquer un nouveau sport : la planche à voile a débarqué sur les plages en 1973. Gadget bizarre pour certains, objet ridicule pour d'autres.

Quelques années plus tard, une déferlante de planches envahit les plages. Les premières voiles, étaient triangulaires, lourdes et d'une très grande surface. Elles sont devenues plus légères et de forme rectangulaire. Ainsi, elles sont plus facilement maniables.

Petit historique

Aujourd'hui, tout est question de look. Elle est devenue un sport olympique en 1984 aux Jeux de Los Angeles.

Depuis, sont nées de nouvelles disciplines.

Le funboard

Le funboard se pratique par vents forts : il faut prendre le maximum de vitesse et sauter les vagues en allant le plus haut possible ! Sensation de liberté et de fun garantie !

Le kite surf

Le kite surf, est apparu récemment. Cette fois, la voile, sorte de cerf-volant géant, te tire en faisant glisser la planche sur l'eau. Et tout à coup, te voilà propulsé très haut en l'air, souvent à plus de cinq mètres de hauteur ! Et l'on ne sait pas toujours où l'on retombe. Attention danger !

Ton matériel et équipem

Un premier conseil tout d'abord : si tu n'as jamais fait de planche à voile, n'achète pas tout de suite de matériel. Fais-le toi prêter par des amis ou loue-le dans un centre de formation. Une fois que tu es sûr de vraiment aimer ce sport, tu peux alors envisager de faire quelques frais.

Si tu es un vrai débutant, prends une planche, appelée flotteur (la surface arrière est plus large que l'avant). Les pros appellent cela une planche à « cul large ». Stable sur l'eau, elle te permet de garder plus facilement l'équilibre.

Une grande voile (d'une surface de 5,8 m^2), un wishbone réglable avec une poignée automatique, un mât de 4,6 mètres et c'est parti.

Quand tu as pris de l'assurance, tu peux songer à acheter une planche un

peu plus courte (entre 2,65 mètres et 2,75 mètres). Tu vas plus vite mais tu risques d'être souvent déséquilibré car elle est bien moins stable.

Quand il y a de grandes rafales de vent, pense à te procurer une voile, plus petite (d'une surface comprise entre 4,5 et 4,7 m^2). Sinon, tu risques de te faire « arracher » les bras et d'être propulsé. Plus la voile est grande et plus le vent s'y engouffre, plus il est difficile de la contrôler. Comme ta voile est plus petite, il te faut un mât plus petit (environ 4 m). Pour ne pas être catapulté et pouvoir t'accrocher sans forcer, mets un harnais avec une boucle qui te maintiendra le haut du corps.

Découvrir la technique

Quand tu grimpes pour la première fois sur une planche à voile, tu ne dois jamais t'affoler, te précipiter ou faire des gestes trop brusques. Être calme et patient sont les deux mots d'ordre.

Gréer ta voile

Les véliplanchistes disent « gréer sa voile » pour dire qu'ils préparent leur matériel. Cela consiste à déplier ta voile sur la plage et enfiler le mât dans le fourreau de la voile.
Fais bien attention qu'il n'y ait pas de sable entre le mât et le tissu !

Ensuite, tu places ton mât dans la planche en fixant toutes les sécurités. N'hésites pas à demander à quelqu'un de vérifier.

Tu peux ensuite placer le wishbone en serrant correctement la poignée automatique sur le mât. Il faut que le wishbone soit situé au niveau de tes épaules. Ni plus haut, ni plus bas. Enfin, tu tends l'arrière de la voile (que l'on appelle le point d'écoute) pour éliminer les plis.

Découvrir la technique

Relever ta voile

L'un des premiers exercices que tu pratiqueras consiste à sortir ta voile de l'eau. Pour cela, tu ne dois pas être raide sur tes jambes, ni trop appuyé sur tes talons ou sur la pointe des pieds. Il faut être bien fléchi sur tes jambes, le dos droit et tirer progressivement sur le tire-veille (une corde attachée à ton wishbone). Si le nez (l'avant) de la planche à tendance à tourner vers le vent, pousse plus sur la jambe avant (on appelle jambe

avant, la jambe la plus proche du nez de la planche). Si c'est l'arrière de la planche qui tourne vers le vent, appuie sur la jambe arrière (la jambe arrière est celle qui est la plus proche de l'arrière de la planche).

Découvrir la technique

Saisir le wishbone

Laisse ta voile perpendiculaire à la planche. Tes deux mains tiennent l'extrémité du tire-veille de sorte à maintenir ta voile hors de l'eau. Ta main avant va alors passer par-dessus ta main arrière (on dit qu'elle croise ta main arrière) pour saisir le wishbone. Ta main arrière, elle, tient toujours le tire-veille. Rapproche alors le mat de ton épaule à l'aide de ton bras avant, puis place ta main arrière sur le wishbone. Ta voile va se gonfler. Et voilà, tu es prêt à partir.

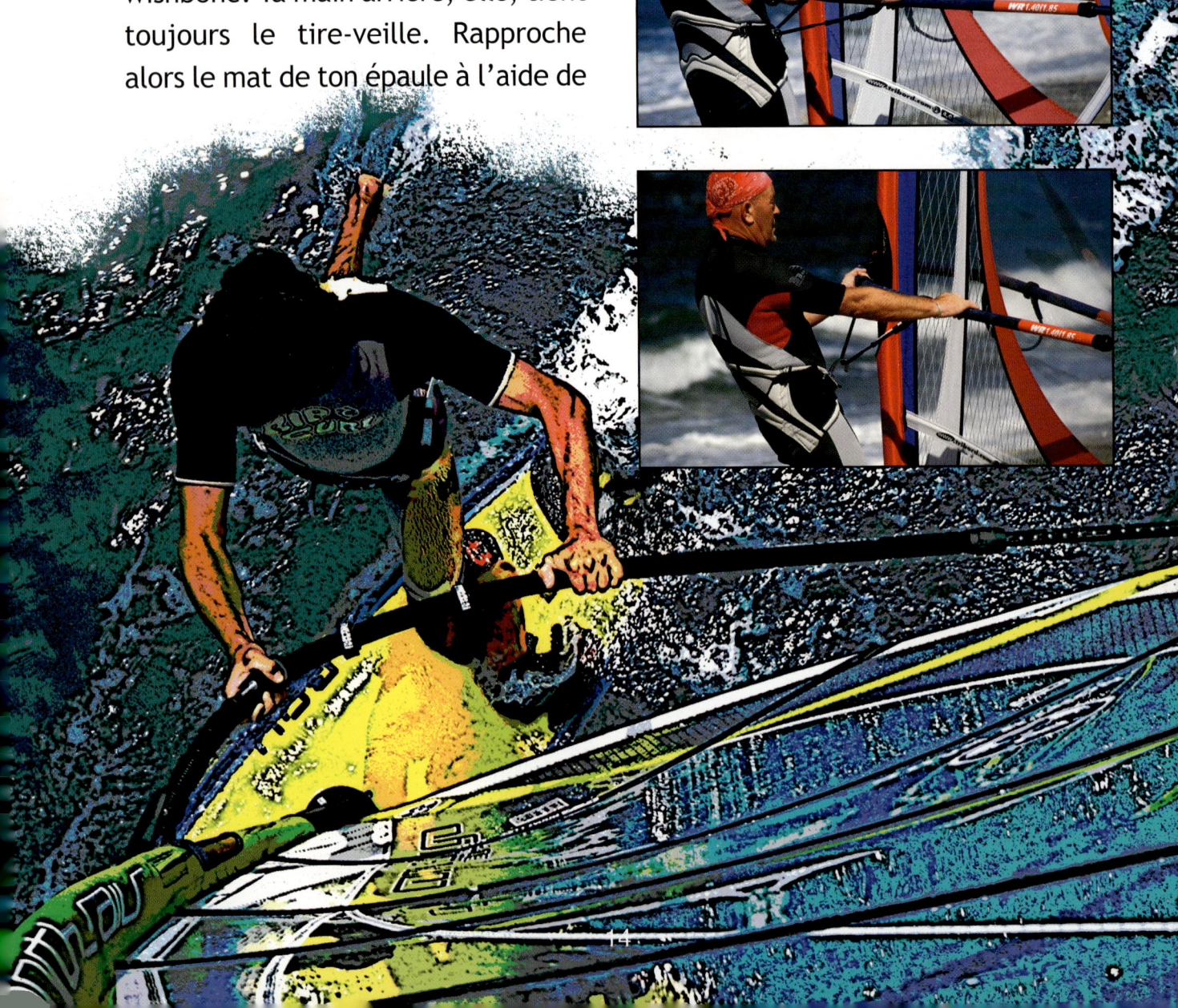

Démarrer la voile hors de l'eau

Ça te permet de démarrer sans avoir à sortir ta voile de l'eau. Ainsi, tu seras moins fatigué. Pour apprendre facilement, mieux vaut commencer dans des endroits où tu as de l'eau jusqu'au genou. C'est plus facile pour remonter sur le flotteur.

Place ton corps juste à côté de la planche, un peu derrière la voile que tu maintiens hors de l'eau, dans le sens du vent, au-dessus de ta tête.

Ta planche, doit être perpendiculaire au vent. Ton pied arrière prend appui sur la planche et tes bras t'aideront à te hisser dessus.

Découvrir la technique

Faire un demi-tour

Pour faire un demi-tour (virement de bord), il faut aller assez vite. Le virement de bord consiste à passer ton corps de l'autre côté du mat. Lorsque tu es en équilibre sur la planche, tes pieds sont situés de part et d'autre du pied de mat. Tu tiens le wishbone d'une main, le tire-veille de l'autre. Tu penches ta voile vers l'arrière, et tu passes ton corps de l'autre côté par des petits mouvements de pas. Ton pied avant devient le pied arrière ; le pied arrière devient le pied avant.

Lorsque tu seras un peu plus expérimenté et que tu navigueras sur une planche moins large, donc moins stable, tu ne pourras plus faire de virement de bord. La planche ne te permettra pas de déplacer ton corps aussi facilement. Il faudra alors procéder à un empannage.

Comme pour le virement de bord, tu ramènes tes deux mains proches l'une de l'autre sur le wishbone. Cette fois, tu ne fais pas pivoter tes pieds mais tu recules sur la planche et tu penches ta voile vers l'avant. Ta main arrière lâche ensuite le wishbone. La voile change de côté. Repositionne alors tes deux mains sur le wishbone et laisse-toi glisser.

Entraînement, échau...

La planche à voile est bien sûr un loisir, mais c'est aussi un sport. Un minimum de préparation physique est indispensable, et pas uniquement chez les pros.

C'est l'un des rares sports à faire appel à tous les muscles du corps. Les bras retiennent la voile, le dos est soumis à rude épreuve pour la relever, les jambes et les abdominaux sont sollicités quand il y a des vagues.

ement, sécurité

Le temps peut se refroidir au fil de la journée : tes muscles, s'ils ne sont pas suffisamment préparés, peuvent se contracter. Tu peux même avoir des crampes, ce qui, au large, n'est jamais agréable.

Entraînement, échau

Un minimum de musculation te permettra d'améliorer toutes les qualités physiques nécessaires à la pratique de la planche à voile. Sortir sur l'eau deux à trois fois par semaine est suffisant pour te maintenir en condition physique. Malheureusement, tout le monde ne peut pas le faire. Alors, afin de faire travailler tes muscles, n'hésite pas à faire quelques séances de pompes tous les deux jours. C'est un exercice complet qui te permet de te muscler à la fois les bras, le dos et les épaules. Quelques exercices d'abdominaux et de musculation des quadriceps (les cuisses) sont aussi importants. Et, pour l'endurance un petit footing, chaque semaine.

ement, sécurité

Juste avant de pratiquer la planche, ne néglige pas l'échauffement. Comme les muscles du dos sont très actifs lors d'une sortie, un petit exercice consiste à effectuer des mouvements d'avant en arrière avec le bassin puis de droite à gauche, en veillant surtout à garder le dos bien droit. Tourne également tes poignets et tes épaules : ces articulations sont très sollicitées. Quelques courses sur place, des montées de genoux et des "talons-fesses" compléteront cet échauffement.

Le respect des règles

La planche à voile est un sport très amusant. Il existe toutefois quelques règles de sécurité à respecter. D'abord, ne pratique jamais la planche dans des zones réservées à la baignade. Tu risquerais de percuter un nageur et de le blesser.

Avant tout départ sur l'eau, préviens ta famille ou tes amis. La mer est dangereuse, on ne sait jamais ce qui peut arriver. Lorsque tu es débutant, fais très attention au vent offshore (qui souffle depuis la terre). Ce vent pourrait t'emporter vers le large et tu pourrais avoir des difficultés à revenir. Préfère toujours un vent sideshore (qui longe le bord de mer), pas trop fort, donc moins dangereux. N'hésite pas, à démander aux autres

et des autres

Si tu es fatigué ou si tu as trop froid, arrête aussitôt.

véliplanchistes d'où vient le vent. Fais aussi très attention aux courants qui pourraient te faire dériver.
Si tu es loin du bord et que tu n'arrives pas à revenir, ne laisse jamais tomber ta planche en te disant que tu vas rentrer à la nage. Lorsque tu es sur la planche, tu peux toujours te reposer. Et on peut t'apercevoir plus facilement. Assieds-toi dessus et agite les bras pour avertir les gens à terre afin qu'ils envoient des secours.
Enfin, n'hésite pas à t'acheter une combinaison qui te protège du froid.

Équipement
ATTENTION ! Quand on débute, on est plus souvent dans l'eau que sur la planche : enfile une combinaison pour te protéger du froid !

Tu découvres ton sport

Au début, Jean-Baptiste hésitait. Il pensait que la planche à voile était un sport dangereux, qu'il « fallait être costaud pour tenir la voile ».

Lui, ce gringalet de 11 ans, il n'y arriverait pas. Il en était certain. Mais un jour, son grand frère Stéphane, pas très costaud lui non plus, s'est lancé. Alors Jean-Baptiste, à son tour, s'est jeté à l'eau.

Des chutes, il en a fait. Son grand frère trouvait cela très amusant. Il riait tellement que lui aussi est tombé à l'eau. Naturellement, la compétition s'est installée entre les deux frères. Après une semaine, c'était à celui qui glisserait le plus vite et ferait le plus beau virage.

Tu découvres ton sport

Malheureusement, toutes les bonnes choses ont une fin, même les vacances ! Et Jean-Baptiste a dû rentrer avec sa famille, et donc arrêter cette nouvelle activité. Enfin, pas pour longtemps.

Son frère n'a pas poursuivi l'aventure, Jean-Baptiste, a décidé de continuer. Tous les quinze jours, sauf pendant l'hiver, il file avec son oncle sur la côte. Il a dû acheter une planche et son gréement, ainsi qu'une combinaison iso-thermique. Grâce à celle-ci, même quand il fait froid, il y va. « C'est tellement génial de glisser sur l'eau ».

Ce garçon s'est fait peur plusieurs fois. « Surtout au début, quand je n'arrivais pas à tourner et que j'étais obligé de me jeter à l'eau pour faire demi-tour. La semaine dernière, quand j'ai pris un peu trop de vitesse, j'ai sauté sur une vague et j'ai été déséquilibré. Je n'avais pas mes pieds dans les footstraps. » Mais cela ne le démoralise pas. Bien au contraire : « C'est trop fun ! »

Les lieux de pratique

Tu peux évidemment apprendre la planche à voile tout seul. Si tu t'inities au ski sans l'aide d'un moniteur, tu réussiras quand même à tourner et à t'arrêter.

Si tu commences le golf sans prendre de leçons, tu parviendras bien à mettre la balle dans le « put » (le trou). Mais ton geste ne sera pas parfait, ta technique sera insuffisante. C'est pareil pour la planche à voile. Si tu ne suis pas un minimum de leçons avant de glisser sur l'eau, tu risques de dépenser beaucoup de temps et d'énergie avant d'effectuer, un virement de bord et ton geste pourrait comporter de nombreux défauts.

 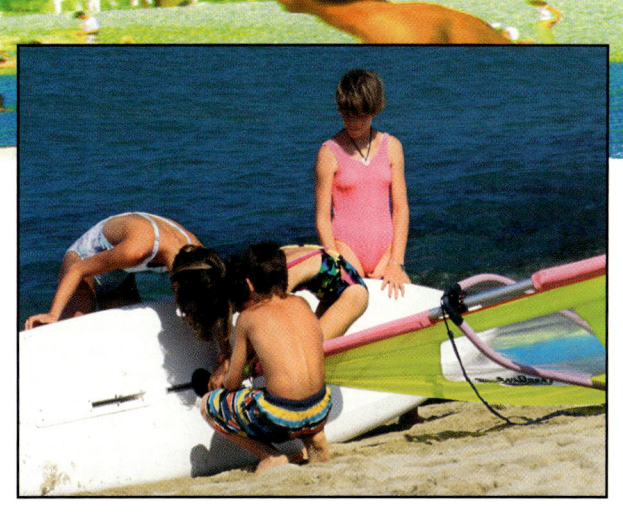

En revanche, si tu t'inscris dans un club ou une école, tu peux apprendre à faire de la planche en moins d'une semaine.

Si tu désires commencer lors de tes vacances d'été, il existe un grand nombre d'écoles privées sur les bords de plage.

Les lieux de pratique

L'ambiance est souvent sympa. Normal, c'est les vacances ! Les moniteurs sont diplômés et (généralement) patients. Tu t'inscris avec des copains dans des cours collectifs, appelés stages. C'est, en général, dans ces cours à plusieurs qu'on s'amuse le plus.

Pour ceux qui souhaitent faire de la planche leur sport régulier comme d'autres font du foot ou du tennis, il est possible de s'inscrire dans des écoles agréées par les fédérations. Et pas uniquement sur les bords de mer. Que tu habites la ville ou la montagne tu peux trouver une école pas loin de chez toi.

Les lieux de pratique

La planche à voile peut se pratiquer en mer comme en eau douce. Il est d'ailleurs plus facile d'apprendre sur un lac ou sur un étang, il y a moins de vagues. On tient plus facilement sur la planche.
Voici quelques spots que les véliplanchistes adorent.

Fos-sur-mer, en France. Ce spot, situé à côté de Marseille, convient également aux débutants car il est suffisamment grand pour faire de la planche le long de la plage sans gêner les autres véliplanchistes. En plus, il n'y a pas de rochers, donc aucun danger de se faire mal. Par contre, il y a un petit risque en cas de Mistral (le nom du vent dans cette région). Ce vent peut en effet t'emporter vers le large.

Le lac de Garde, en Italie.
L'été, les journées y sont toujours ensoleillées. Le matin, un petit vent permet de se réveiller en douceur et de découvrir les falaises. L'après-midi, le vent souffle encore plus fort, il est alors possible de naviguer sur des vagues où la rive nord reçoit la houle des 50 kilomètres de longueur du lac.

Margarita est une petite île au large du Venezuela. Là-bas, sur l'océan Atlantique, on peut naviguer tous les jours entre janvier et avril. C'est une destination très appréciée des Américains et des Allemands. Pour les débutants, c'est génial. Il y a un peu de vent, l'eau est calme et la plage permet l'apprentissage du waterstart.

Comme tu peux le voir sur les photos de cette page et de la suivante, les spots peuvent être calmes comme très agités.

Les lieux de pratique

L'île de Maui, à Hawaï. Difficile de ne pas parler d'Hawaï quand on parle de planche à voile. On l'a vu, la planche est née là-bas. L'île de Maui est un endroit de rêve pour la pratiquer. C'est aussi un endroit réservé aux plus grands champions qui viennent se mesurer les uns aux autres chaque année.

A Hawaï, il existe cependant un spot où les débutants peuvent glisser tranquillement, c'est Waïkiki.

Les Canaries, en Espagne. Comme Hawaï, les Canaries sont plusieurs petites îles très proches les unes des autres. Une île, très sauvage, est particulièrement agréable pour la planche à voile. Elle s'appelle Fuerteventura. Le vent y souffle fort toute l'année. C'est d'ailleurs ici que se déroulent plusieurs épreuves de vitesse.

Les professionnels, com

En planche à voile olympique, discipline appelée « catégorie Mistral », voici les champions et les championnes qui, depuis quelques années, sont sur le devant de la scène.

Gal Fridman est Israélien. C'est le champion du monde en titre. Comme tous les grands sportifs, il est très ambitieux et ne pense qu'à gagner. Son titre mondial lui permettra de représenter Israël aux Jeux Olympiques d'Athènes, en 2004. Ce sera ses troisièmes J.O. après Sydney, en 2000, et Atlanta, en 1996, où il avait d'ailleurs gagné la médaille de bronze.

Julien Bontemps est Français. Il est un des plus sérieux concurrents de Fridman. Il est devenu champion d'Europe en 2003. Un titre qu'il avait déjà remporté en 2001.

Les filles aussi ont leur championne. La première est Italienne et se nomme **Allessandra Sensini**. Cette championne d'Europe est sans cesse en concurrence avec **Lai Shan Lee**, de Hong-Kong qui a participé aux J.O. de Barcelone, en 1992, et remporté ceux d'Atlanta, quatre ans

Compétitions et champions

plus tard. En remportant ce titre, elle a offert à Hong-Kong sa première médaille d'or. Enfin, l'autre redoutable véliplanchiste est la Néo-zélandaise **Barbara Kendal**l. A 38 ans, elle est la sportive la plus âgée du circuit mondial.

On peut difficilement parler des stars de la planche à voile sans évoquer les grands noms du funboard, discipline qui intéresse de plus en plus les jeunes. La star du funboard, l'idole des filles, est un Américain qui s'appelle **Robby Naish**. Aucune vague ne lui fait peur ! N'oublions pas non plus **Björn Dunkerbeck**, qui a la double nationalité espagnole et hollandaise. Il est surnommé « la machine » pour son endurance légendaire. Enfin, le Français **Martin Esposito** ne vit que pour la planche à voile. Tout jeune, il a décidé de s'envoler vers Hawaï pour affronter les plus grosses vagues du monde.

Un autre grand champion français : Robert Teriitehau

Les professionnels, com

Lise Vidal est née le 24 novembre 1977. Elle a représenté la France aux Jeux Olympiques de Sydney, en 2000, elle a été vice-championne du monde jeune de Planche Olympique puis championne d'Europe en 1999. Elle fait partie des meilleures mondiales dans le circuit senior.

...pétitions et champions

- A quel âge as-tu commencé la planche à voile ?

- J'ai vraiment commencé à huit ans. Avant, je pratiquais d'autres sports comme le tennis et la natation. Quand je partais en vacances avec mes parents, je faisais un peu de planche.

- Qu'est-ce qui t'a tout de suite plu dans ce sport ?

- J'ai décidé de m'investir à fond dans ce sport en lisant les magazines de mon père. Il y avait de superbes photos d'îles, ces images me faisaient rêver. C'est un sport très agréable. On se retrouve souvent dans des pays chauds.

- Selon toi, la planche à voile est un sport individuel ou un sport d'équipe ?

- En équipe nationale, par exemple, il y a réellement une bonne ambiance de groupe. On s'amuse bien. Mais il est vrai que plus les Jeux olympiques approchent, plus l'individualisme prime. Normal : il n'y a qu'un seul représentant par pays. Forcément, tout le monde a envie de l'être. Il y a parfois des petites tensions dans le groupe.

Les professionnels, com

- Peux-t-on faire de la planche à voile son métier ?

- La planche à voile n'est pas un sport professionnel comme le foot ou le tennis. Cependant, je fais partie des huit athlètes soutenus, financièrement, par la Fédération. Je peux donc dire que je vis de ma passion !

- Quels sont les pays qui dominent cette discipline ?

- Aucun pays ne domine vraiment le circuit international. La France est l'une des rares nations à pouvoir présenter plusieurs candidats capables de remporter les épreuves. Les autres pays ont un champion, rarement deux. Ceci est valable chez les garçons comme chez les filles. Par exemple, Israël n'a qu'un concurrent très fort, de même pour le Brésil ou la Grèce.

...pétitions et champions

- Voyages-tu fréquemment ?
- Oui, car les championnats du monde et d'Europe ont lieu chaque année. Il y a aussi des épreuves internationales dans divers endroits du globe : en Australie, Nouvelle-Zélande, en Europe, en Martinique. Je participe en moyenne à cinq compétitions par an. Enfin, il y a les stages que l'on fait : en Espagne, en Grèce...

- T'est-il déjà arrivé de pratiquer dans des conditions météo vraiment désagréables ?
- L'hiver, parfois, il faut bien reconnaître que ce n'est pas idéal. Quand il fait froid, on n'est pas très efficace au niveau technique, car on est frigorifié. Là, c'est sûr, on préférerait être ailleurs. Quand il fait chaud et que la mer est belle, à l'inverse, c'est génial !

Les professionnels, com

Pour faire de la compétition, il faut être licencié dans un club. Le choix du club est important. Fais attention au prix de la licence mais aussi aux services qui te sont proposés (possibilité de rangement du matériel, entraînements, ambiance...). Il existe aussi des courses organisées par les fabricants de matériel ou par des marques. On peut participer à ces courses, sans licence. C'est un bon moyen de goûter à ce sport avant de se lancer.

La compétition de régates (courses) commence très tôt. Ce sont des départs en ligne (ou en flotte). Toutes les planches sont alignées. Au coup d'envoi, il s'agit de parcourir le plus vite possible un circuit balisé par des bouées. Le début du parcours consiste à remonter le vent, puis on passe une bouée qui annonce un virage. On a alors le vent de côté. Autre bouée, autre virage. Le vent souffle alors de derrière. La manière dont on « affronte » le vent est très

Compétitions et champions

importante. Attention à la tactique. La catégorie « jardins des mers » ou « classe Moussaillon » est celle des débutants, qui concerne les jeunes âgés entre 5 et 11 ans. Ces courses constituent un excellent apprentissage des rudiments de la régate. Le plus souvent, les clubs prêtent les planches à voile et les stages ont lieu les samedis après-midi. Entre 11 et 16 ans, des championnats régionaux, puis nationaux sont organisés.

A partir de 16 ans, le matériel change et les jeunes compétiteurs chevauchent des planches Mistral One Design, du nom de la marque Mistral.

Les professionnels, com

Les sélectionneurs des équipes nationales détectent les meilleurs compétiteurs lors des championnats nationaux. Pour intégrer l'équipe de ton pays, la route est longue et sinueuse. Dans la catégorie senior, chaque pays n'envoie qu'un seul concurrent aux Jeux Olympiques, qui ont lieu tous les quatre ans. Chaque année, un championnat du monde est organisé. Cette fois, les nations peuvent envoyer plusieurs participants. Enfin, il existe aussi un circuit de coupe du monde qui comporte plusieurs épreuves sur la planète.

étitions et champions

Cependant, contrairement aux sports « riches » que sont le tennis ou le foot, il arrive parfois que les concurrents organisent et paient eux-mêmes leurs voyages. C'est le cas quand les fédérations n'ont pas l'argent nécessaire ou quand ces sportifs ne font pas partie des meilleurs de leur pays. Ils sont alors aidés par des sponsors.

Glossaire

WISHBONE : C'est l'arceau qui fait le tour de la voile et auquel on s'accroche.

FLOTTEUR : Dans le dictionnaire, cela désigne un objet flottant destiné à soutenir un corps à la surface d'un liquide. En planche à voile, il s'agit donc tout simplement de la planche.

VIREMENT DE BORD : Effectuer un virement de bord, c'est faire un demi-tour en bougeant à la fois la position des pieds sur la planche et le sens de la voile.

EMPANNAGE : Faire un empannage, c'est faire un demi-tour très rapidement en ne modifiant que le sens de la voile.

SPOTS : Les véliplanchistes et les surfeurs appellent un spot (mot anglais) le lieu où ils vont glisser.

GRÉEMENT : Le gréement est un mot qui désigne à la fois le mât, la voile et le wishbone.

LOFER : C'est remonter vers la direction d'où vient le vent, donc aller dans le sens contraire de celui-ci.

AILERON : Sans cet outil, la planche serait incapable de lofer (il suffit de casser son aileron pour s'en apercevoir). Il s'agit d'un équipement indispensable, le plus rigide possible.

FOOTSTRAPES : Les foodstrapes sont les cale-pieds fixés sur la planche. Ils te permettent de faire des sauts sur les vagues sans être déséquilibré.

VENT ONSHORE, OFFSHORE ET SIDESHORE : Le vent est onshore quand il vient de la mer, il est offshore quand il vient de la terre, et il est sideshore lorsqu'il est de côté.

WATERSTART : Départ dans l'eau.

Index

Catégorie Mistral	p.34	Point d'écoute	p.11
Empannage	p.16	Spots	p.30, 32
Flotteur	p.8, 15	Tire-veille	p.12, 14, 16
Footstraps	p.27	Vent offshore	p.22
Funboard	p.6	Vent sideshore	p.22
Gréement	p.27	Virement de bord	p.16, 17
Gréer la voile	p.10	Waterstart	p.30
Harnais	p.9	Wishbone	p.8, 11, 12, 14, 16, 17
Kit surf	p.7		

AVERTISSEMENT

Ce sport peut être dangereux.
Ce livre en est une découverte.
Pour ta sécurité tu dois être responsable.

Crédits photographiques :
Toutes les photos sont de Robert Palomba.